GUÍA IMPRESCINDIBLE

PARA FANS

BILLIE EILISH

MALCOLM CROFT

Rocaeditorial

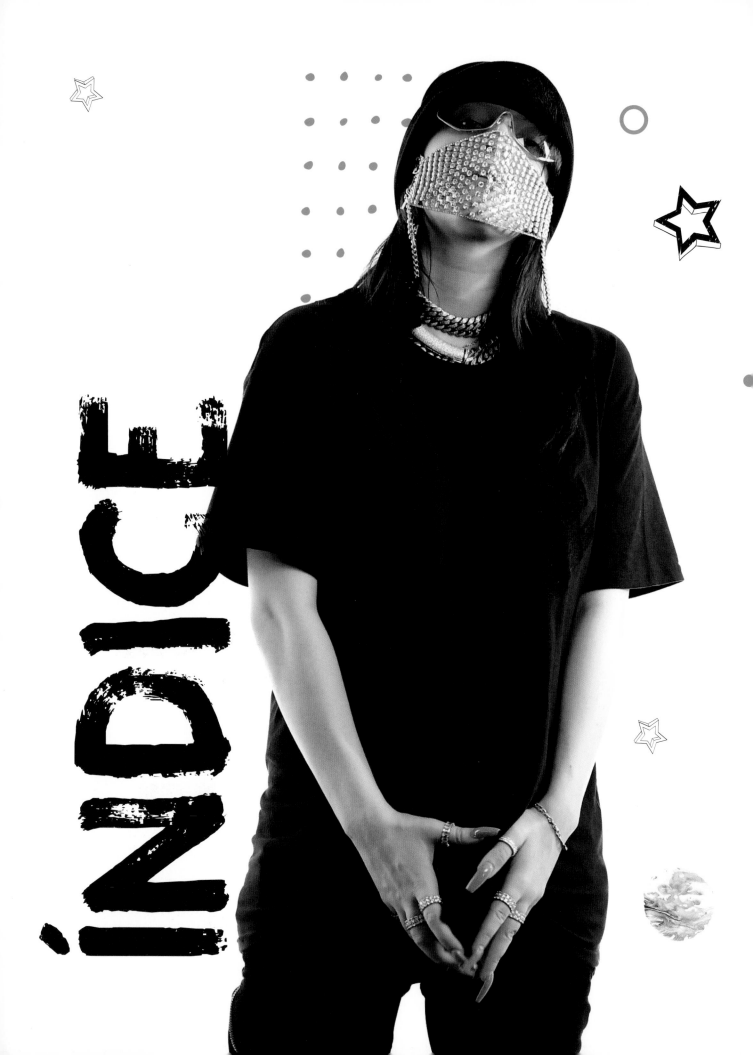

INTRODUCCIÓN

BILLIE EILISH ES, SENCILLAMENTE, EL SONIDO DE LA ACTUALIDAD. EL CONJUNTO DE SU OBRA, EL CUAL SE HA DESARROLLADO EN APENAS UNOS POCOS AÑOS, SUENA EXACTAMENTE COMO ESPERAS QUE LO HAGA LA SEGUNDA DÉCADA DEL SIGLO XXI, CON TODOS SUS DEFECTOS, FRACASOS Y TEMORES.

Sin mirar al pasado ni imitar el sonido de sus congéneres, Billie está creando música moderna totalmente distinta a la de otros artistas del momento. Ha captado esa sensación de temor que todos tenemos sobre el mundo actual y la ha transformado en una música rara, totalmente hipnótica y curiosamente inspiradora. Y todo esto sin haber cumplido aún los veinte.

Desde que apareció de forma extraña, mágica y sin avisar en 2015, se le han atribuido numerosos adjetivos. Y todos son ciertos. Y falsos. En realidad, son irrelevantes. Billie es Billie.

Como hemos descubierto gracias a esta estrella tan singular, lo único que importa es ser «lo que quieres y quien quieres ser». Sus seguidores y la crítica la alaban por su autenticidad, su fe en su visión creativa personal, su potente autoestima y por no ceñirse a las reglas, ni siquiera a las suyas propias. Hasta los más grandes del rock exaltan su espíritu y la consideran una punk moderna que se rebela contra todo y nada a la vez. «Estoy viendo en mis hijas la misma revolución que yo viví a su edad. Se están transformando en ellas mismas a través de su música», comenta Dave Grohl, el legendario batería de Nirvana y cantante de Foo Fighters, sobre Billie. El vocalista de Radiohead, Thom Yorke, coincidía: «Eres la única que está haciendo algo *** interesante hoy en día». Finneas, el hermano de Billie, describiría posteriormente el comentario a su hermana como «lo más genial que nadie te ha dicho nunca». Y no es solo genial, sino que es totalmente acertado.

Con su versión psicodélica, deslavazada y sombría de todos los géneros musicales y su estilismo, caracterizado por ropa ancha («una peineta a las imposiciones del *sex appeal* en el mundo del pop adolescente» o simplemente su deseo de vestir cómoda, lo que prefieras), puede que sea distinta a cualquier otra estrella del pop sobre la faz de la tierra, pero no lo es de sus fans. Son exactamente iguales. Habla por ellos y está de su lado. Es la paradoja de Billie Eilish. La cantante es una antiheroína rebelde pero, al mismo tiempo, también es el modelo a seguir más seguro, ya que no consume drogas ni bebe alcohol, no sexualiza su arte ni su cuerpo y muestra abiertamente el amor que siente por su familia. Se preocupa por sus seguidores pero, al mismo tiempo, pretende intimidarlos y petrificarlos. Su aspecto es aterrador, y, aun así, salta los últimos centímetros que le quedan hasta la cama «por si hubiese un monstruo debajo esperando para agarrarla». Billie ha conquistado el sector musical haciendo todo lo que supuestamente no debería hacer, cosa que, paradójicamente, se convertirá en la norma. Pero, por encima de todo, su éxito a nivel mundial se reduce a una sencilla verdad: Billie es Billie. Hace lo que quiere y a su manera. Y es imposible apartar la mirada de ella.

«BILLIE HA APROVECHADO ESE AISLAMIENTO, ESA ANSIEDAD SOCIAL Y GLOBAL QUE IMPERA EN ESTOS MOMENTOS Y EL MODO EN QUE TODO ESTO INFLUYE EN NUESTRA VISIÓN DE LA VIDA. SUS LETRAS Y LAS IDEAS QUE TRANSMITE ESTÁN MUY CONECTADAS CON LA REALIDAD Y SON MUY CREATIVAS Y BRILLANTES, PERO, AL MISMO TIEMPO, ES UNA ADOLESCENTE, Y NO PRETENDE SER ALGO QUE NO ES.» ZANE LOWE

CAPÍTULO UNO

MEJOR EN CASA QUE EN NINGÚN SITIO

CUANDO BILLIE EILISH GRABÓ LAS VOCES DE LA EVOCADORA BALADA POP COMPUESTA POR SU HERMANO, *OCEAN EYES*, CON TAN SOLO TRECE AÑOS, NO PODÍA NI LLEGAR A IMAGINAR LA GRAN SENSACIÓN QUE IBA A CAUSAR. CINCO AÑOS DESPUÉS, SU OBRA ESTÁ POR ENCIMA DE GÉNEROS, DE GUSTOS Y DE EDADES. LA CANTANTE ESTÁ A PUNTO DE CONVERTIRSE EN EL ACTIVO MÁS VALIOSO DE LA CULTURA POP: UNA ARTISTA QUE REPRESENTA EL REFLEJO PERFECTO DE LOS TIEMPOS OSCUROS Y RETORCIDOS QUE CORREN. PERO, POR MÁS ALTO QUE ASCIENDA HACIA LA ESTRATOSFERA DEL POP, SU HOGAR SIEMPRE LA MANTENDRÁ CON LOS PIES EN EL SUELO. «ME CONVIRTIÓ EN LO QUE SOY…»

Billie pasó de ser una adolescente anónima a convertirse en uno de los iconos culturales más vistos y más impactantes, visualmente hablando, de la actualidad. Pero, a pesar de todo, sigue siendo ella misma. Sus seguidores sostienen que es auténtica, y ni siquiera sus peores detractores pueden rebatir esta afirmación.

Antes de que la cantante naciese, en Highland Park, un barrio conflictivo de Los Ángeles, sus padres, Maggie Baird y Patrick O'Connell, actores y músicos «en paro», se las veían y se las deseaban para llegar a fin de mes. «La gente tiene una imagen muy rara de cómo me crié, y creo que es porque soy una chica, de Los Ángeles y artista», comenta sobre su infancia. «Todo el mundo da por hecho, automáticamente, que eres de Beverly Hills. Y nada más lejos de la realidad. Highland Park ahora es un barrio que está de moda, pero cuando yo vivía allí no tenía nada que ver... No podía salir de casa después de que anocheciera porque era demasiado peligroso... Había tiroteos... y no pocos.»

Cuando Billie vino al mundo en diciembre de 2001, sus padres habían obtenido algunos papeles sin diálogo en series estadounidenses populares como *Friends*, *Larry David* y *El ala oeste de la Casa Blanca*. Tanto Maggie como Patrick eran actores respetados; Maggie incluso formaba parte de un grupo cómico llamado Groundlings, con Will Ferrell, y fue la primera profesora de improvisación de Melissa McCarthy, pero el respeto no pagaba las facturas. «No teníamos nada de dinero. Crecí siendo pobre. Tenía

ARRIBA Billie acude a la Teen Vogue Hollywood Gala vestida de American Eagle Outfitters, 23 de septiembre de 2016.

ANTERIOR Una vista aérea del barrio en el que se crió Billie, Highland Park, Los Ángeles.

«HE SIDO ARTISTA PRÁCTICAMENTE TODA MI VIDA, Y ME ENCANTABA CANTAR Y ESCRIBIR CANCIONES EN MI CUARTO PARA MIS PROPIOS OÍDOS. NUNCA PENSÉ QUE PODRÍA LLEGAR A TENER UNA CARRERA COMO MÚSICO.»

ARRIBA Billie sonriendo, un gesto difícil de ver en ella, en la Teen Vogue Young Hollywood Gala, 23 de septiembre de 2016.

un par de zapatos y una camiseta», recuerda Billie. Para Maggie y Patrick, la fama siempre estuvo justo a la vuelta de la esquina.

A finales de los 90, la pareja decidió poner en pausa sus sueños actorales y dedicó su vida a convertirse en los mejores padres posible.

Para ello, Maggie y Patrick llenaron el hogar familiar de música, sonido y color. Y de pocas reglas. Vivían en una casa diminuta de tan solo dos dormitorios. Ellos dormían en un futón en el salón para que Finneas y Billie pudiesen tener su propio cuarto. A pesar del reducido espacio, tenían tres pianos de pared, uno en cada habitación.

«Toda mi familia es muy musical», recuerda Billie. «Mi hermano y mi madre componen canciones, y mi padre siempre ha tocado el piano y el ukelele. Cuando éramos pequeños, mi padre nos grababa cintas de mezclas con canciones de artistas como los Beatles y Avril Lavigne, y aprendimos mucho de ellas.» De hecho, la familia incluso estableció una norma. «Teníamos una especie de regla en casa de que nadie podía mandarte nunca a la cama si estabas tocando. La música estaba por encima de todo», comenta Maggie.

Con la música siempre presente en su pequeño hogar, estaban más unidos que la mayoría del resto de familias. Fue en el pasillo que conectaba las dos habitaciones de los niños donde Billie y su hermano Finneas, cuatro años mayor, desarrollaron la química que constituiría la base de su éxito como compositores. Por otro lado, sus padres determinaron que la educación en casa era lo mejor para ellos, decisión que tomaron porque Billie era «una niña sensible con ansiedad grave por separación» (ansiedades que acabarían derivando en otros problemas mentales al entrar en la adolescencia). La cantante durmió en la cama de sus padres hasta los diez años. «Uno de nosotros estaba con ella literalmente las veinticuatro horas del día», comentaba Patrick. «Los dos eran

«TENGO SUERTE DE TENER UNA FAMILIA QUE ME GUSTA Y A LA QUE YO LE GUSTO. EL ÚNICO MOTIVO POR EL QUE HAGO LO QUE HAGO ES PORQUE MIS PADRES NO ME FORZARON A ELLO. SI ME HUBIESEN DICHO: "TOMA, UNA GUITARRA Y UN MICRÓFONO. CANTA Y ESCRIBE CANCIONES", MI REACCIÓN HABRÍA SIDO: "¡VENGA, HASTA LUEGO! VOY A DROGARME".»

complicados, pero de maneras distintas», recuerda Maggie. «Finneas te atormentaba, pero él también se sentía atormentado, así que sentías lástima por él. Billie, en cambio, disfrutaba haciéndote sufrir. Carecía totalmente de compasión. Si llorabas, decía: "Ah, ¿estás llorando? Eres débil".» «Era una niña horrible», recuerda Billie. «Mi objetivo era conseguir hacerte gritar.»

La educación en casa permitió a la familia permanecer unida y dio a los hermanos la oportunidad de disfrutar de su pasión por el canto, el baile y la composición, asignaturas por las que habían expresado interés desde preescolar. «He estudiado en casa toda mi vida», recuerda Billie. «En lugar de obligarme a aprender ciertas cosas en el colegio que jamás iba a aplicar en el mundo real, pude aprender cosas que de verdad me interesaban y a las que aspiraba. Y viendo lo que está sucediendo con mi música ahora, creo que haber estudiado en casa ha sido algo fantástico.»

Mientras que Finneas se centraba en los pianos y la guitarra, las formas iniciales de expresión creativa de Billie fueron el ballet, el claqué, el jazz, el hip-hop y la danza contemporánea. Y fue precisamente su pasión por el baile lo que acabó llevándola a cantar. «Llevaba bailando mucho tiempo; aún debería estar bailando, pero me lesioné y tuve que dejarlo», recuerda. «Pensé que mi vida iba a centrarse en el baile. Bailaba once horas a la semana, en recitales y demás. Creía que me dedicaría a bailar. Y en realidad aún lo hago, porque bailo cuando estoy sobre el escenario y en los vídeos, y quiero tener bailarines. Nunca se me pasó por la cabeza tener un trabajo "trabajo".»

TOP 10
DE BILLIE EN YOUTUBE

1. BAD GUY 2. LOVELY (CON KHALID)
3. WHEN THE PARTY'S OVER 4. BELLYACHE
5. BURY A FRIEND 6. OCEAN EYES
7. IDONTWANNABEYOUANYMORE
8. YOU SHOULD SEE ME IN A CROWN
9. ALL THE GOOD GIRLS GO TO HELL
10. MY BOY

ARRIBA Billie se cuela en el estreno de
El amor lo es todo, todo, 6 de mayo de
2017. *Ocean Eyes* aparece en la película.

Durante varios años, Billie bailó todo lo que quiso y más, incluso se unió a una compañía de baile.

«Esa, probablemente, fue la época en la que me sentía más insegura», recuerda. «Y nunca me he sentido cómoda vestida con la minúscula ropa de las bailarinas. Siempre me preocupaba mi aspecto. Estaba en el punto álgido de mi dismorfia corporal. No podía ni mirarme en el espejo.»

Un día, los sueños de Billie de convertirse en bailarina profesional se vinieron abajo literalmente. «Estaba en una clase de hiphop con todos los sénior, los de nivel más avanzado, y me fracturé el cartílago de crecimiento de la cadera.» La lesión la obligó a abandonar el baile deportivo para siempre. Eso la destrozó. Tenía once años. «Creo que ahí es cuando empezó la depresión», recuerda. «Caí en un agujero. Pasé por una fase en la que me autolesionaba. Sentía que merecía sufrir.»

Se vio sumida en el dolor, la frustración y la angustia que le había provocado la lesión, pero gracias a la ayuda de la psicoterapia y de su familia, Billie empezó a canalizar sus ansiedades a través de la composición, plasmando sus mortificantes pensamientos sobre el papel y acompañándolos con acordes. «Tenía un montón de cosas en la cabeza de las que quería desprenderme», decía. «De modo que escribí todo lo que pensaba y sentía y lo transformé en canciones. No pensé en ningún momento: "Voy a escribir una canción".

Simplemente lo hice.» Finneas, que se estaba convirtiendo en un compositor y letrista consumado al mismo tiempo que ella, quedó impresionado al ver los primeros trabajos de su hermana, pese a que su origen no tuviera nada que ver con el pop comercial.

Aunque a Billie nunca se le pasó por la cabeza dedicarse a ser cantante, siempre le había gustado cantar. «Salí de mi madre cantando», bromeaba un día. «Siempre estaba cantando o haciendo ruido, gritando o escuchando música. A veces tenían que mandarme callar. Siempre estaba haciendo ruido, cosa que sigo haciendo.»

Para asegurarse de que su hija centraba su energía vocal en algo constructivo, Maggie y Patrick la inscribieron en el coro infantil Los Angeles Children's Chorus. Fue allí donde desarrolló su voz tan característica y donde aprendió a usarla. «He estado en Los Angeles Children's Chorus desde que tenía unos ocho años. Prácticamente todos mis recursos los aprendí ahí. Me ha ayudado muchísimo con mi técnica. Me ha enseñado todos los tipos diferentes de música clásica que existen y lo bonitos que pueden ser. Con once años empecé a escribir canciones porque es una forma magnífica de expresar los sentimientos. También me ayudó un montón a aprender a tocar canciones; ahora puedo hacerlo sola. El coro me ha enseñado a proteger mi voz... Algunos artistas se destrozan la voz porque no saben cómo cuidarla.»

«SIEMPRE HE DESEADO SUBIRME A UN ESCENARIO Y QUE LA GENTE ME ACLAME.»

CAPÍTULO DOS

EL NEGOCIO FAMILIAR

PUEDE QUE SEA EL KILOMÉTRICO NOMBRE DE BILLIE EILISH PIRATE BAIRD O'CONNELL EL QUE HA LLEGADO A NUESTROS OÍDOS, PERO LA MARCA DE BILLIE ES INNEGABLEMENTE UN NEGOCIO FAMILIAR. NO ES DE EXTRAÑAR, POR TANTO, QUE LLAME A SUS LEALES SEGUIDORES «HERMANOS» Y QUE TODA LA MÚSICA DE BILLIE Y FINNEAS, MÚSICA QUE MARCA NUESTRA ERA, NACIESE EN SUS HABITACIONES DE LA INFANCIA.

Cuando Billie empezó a captar la atención del público acababa de cumplir catorce años. Al principio, a Maggie, su madre, le preocupaba que la fama impidiese a sus hijos vivir libremente. Por suerte, gracias al fuerte vínculo que existe entre los O'Connell, Billie y Finneas están perfectamente equipados para lidiar con las presiones y las expectativas de su inmensa fama. Y los hermanos no necesitaron alejarse mucho de casa para cambiar el mundo. El mundo fue hasta ellos, pues fue en sus habitaciones de la infancia donde la magia de su música empezó a gestarse. «La gente ha puesto mucho énfasis en nuestras habitaciones como parte de nuestro linaje», recuerda Finneas. (Hasta la fecha, todo el trabajo de Billie se ha creado en su cuarto o en el de su hermano.)

ARRIBA Billie y Finneas, en rojo, en el Life Is Beautiful Music Festival, en Las Vegas, septiembre de 2019.

ANTERIOR Su madre, Maggie; su hermano, Finneas y Billie en el Chanel J12 Yacht Club Dinner Event, julio de 2019, en el que actuaron los hermanos.

Los ganchos, las letras y las melodías saltaban de una ha-bitación a la otra mientras ambos compositores intercam-biaban ideas. En el cuarto de Finneas, donde se realizaba la producción, apenas caben una cama, dos teclados y un es-critorio. Y, aunque no parece más que el típico dormitorio de un adolescente loco por la música, en esencia, supone la re-presentación perfecta de cómo ha cambiado la música pop en los últimos años.

La música ha dejado de ser cosa de sesiones de estudio carísimas dirigidas por personas influ-yentes y magnates del sector. Ahora, se crea, se sube y se comparte desde cualquier habi-tación. Billie lo describió muy bien: «La gente siempre me pregunta: "¿Qué se siente cuan-do uno empieza en el cuarto de su herma-no y consigue llegar a los grandes estudios?", pero no es el caso. Sigo en el mismo cuarto».

Hoy, tras cinco años de éxitos, cuesta imagi-nar a Billie y a Finneas grabando en otro sitio. «No me gustan mucho los estudios de graba-ción, suelen ser lugares sin vida y sin luz natural», comentaba Finneas. «Estoy seguro de que Billie y yo empezaremos a trabajar en mi vieja habitación cuan-do entremos en modo grabación para el próximo disco. No queremos vernos obligados a cumplir las exigencias de un estudio al que tendríamos que pagar cantidades ingentes de

dinero. Nuestra madre vive en casa. Que venga tu madre con una bandeja de comida riquísima y te diga que le encanta tu músi-ca te da un subidón de seguridad que no tiene precio», confesa-ba. «Además, esa habitación tiene un sonido muy específico, muy compacto e íntimo, cercano y suave. Me encanta cómo hace que suenen las voces.»

Al otro lado del pasillo se encuentran los dominios de Billie. Como muchas adolescentes, su cuarto era (es, ya que si-gue viviendo con sus padres) su refugio. «Mi habitación es mi pequeño palacio. Es, probablemente, la cosa de mi vida que más ha cambiado a lo largo del tiempo. Cambio mu-cho de idea. A lo largo de los años ha sido veinte habitacio-nes distintas», revelaba.

Entre los once y los trece años, Billie empezó a escribir canciones sin la ayuda de Finneas, aunque los sonidos que emanaban de su cuarto a menudo llevaban a su hermano a llamar a su puerta. «La primera vez que cantó [una canción entera] fue *Hotline Bling*, y lo hizo acompañada de un ukele-le», recuerda Finneas. «Me quedé flipando y le dije: "¿Esto lo has compuesto tú?", y la creí.»

ARRIBA Billie, micrófono en mano, en The Billie Eilish Experience de Spotify. Su madre, Maggie, y su hermano, Finneas, la miran llenos de orgullo. Los Ángeles, 28 de marzo de 2019.

IZQUIERDA Billie y Finneas presumen de su premio a la Vanguardia de la Sociedad Estadounidense de Compositores, Autores y Editores (ASCAP), que les entregó la oscarizada actriz (y superfán de Billie), Julia Roberts.

«A VECES SIENTO QUE PIERDO LOS ESTRIBOS UN POCO, PERO TENGO A MI HERMANO. LO ESCRIBIMOS TODO JUNTOS; ÉL PRODUCE MI TRABAJO, Y MI MADRE Y MI PADRE ME ACOMPAÑAN EN LAS GIRAS. CUANDO ESTOY LEJOS DE CASA, AL MENOS TENGO A MI FAMILIA CONMIGO.»

ABAJO «*They'll be here pretty soon, looking through my room for the money* [Llegarán pronto para registrar mi habitación en busca del dinero]». Billie canta *Bellyache* en el Bonnaroo Music and Arts Festival, junio de 2019.

Los hermanos decidieron unir fuerzas. «Empezamos a componer juntos a principios de 2015», recuerda Billie. «Estábamos a un metro de distancia, ¿qué daño podía hacer? Simplemente lo hicimos, sin expectativas, sin decir "vamos a hacer esto para conseguir esto otro" o "vamos a hacernos famosos", ni nada de eso... Lo hicimos porque queríamos y porque nos encantaba.»

Gracias a la proximidad de sus habitaciones, a que estudiaban en casa y a que sus padres nunca les decían que bajasen la música, Finneas y Billie pudieron trabajar juntos a placer. También, el hecho de que además de hermanos fuesen mejores amigos hizo que componer juntos fuese aún más productivo. «Ambos aceptamos muy bien las críticas. Si él hace algo y yo le digo: "No, eso es horrible", él responde: "Sí, tienes razón". Y lo mismo conmigo. Si le digo: "¿Qué te parece esto?" y no le gusta, me lo puede decir sin problemas, porque podemos ser sinceros el uno con el otro. Al trabajar con otra gente no existe esa clase de confianza. Así que entre nosotros resulta muy fácil. Me llevo muy bien con mi hermano; siempre ha sido así. Estamos muy unidos. Somos un equipo.»

A pesar de la capacidad del dúo para componer canciones juntos y para saber instintivamente lo que el otro está pensando a nivel creativo, desde muy temprano tomaron la decisión de que no debían formar una banda familiar, aunque sus padres improvisasen con ellos de vez en cuando. En la actualidad, Maggie y Patrick están más que felices de ser sus asistentes de gira y personales, aunque en realidad Maggie hace más las funciones de jefa de personal, madre a tiempo completo y representante a tiempo parcial, mientras que Patrick ayuda con la escenografía de la gira, y, en sus comienzos, hacía las veces de chófer.

ANTERIOR Inseparables desde una edad muy temprana, Billie y Finneas se han convertido en un formidable dúo de compositores.

ABAJO Billie y su hermano cantan juntos en una actuación en Las Vegas.

A pesar del inquebrantable vínculo que existe entre ambos, los hermanos decidieron que, por el bien de la música, no debían formar un dúo. «Tomamos la decisión deliberada de presentarlo todo bajo el nombre de Billie», comentaba Finneas. «A los dúos no les suele ir muy bien. No me viene a la mente ninguno que haya tenido tanto éxito como Billie en el contexto actual. Hay muchos duetos que me encantan, pero la prensa no sabe muy bien qué hacer con ellos. Además, Billie es una persona con un aspecto muy icónico. Tenía que ser su proyecto.»

Ambos compositores poseen dones distintos, y los dos son conscientes de que se necesitan el uno al otro. La oscuridad de Billie equilibra la luminosidad de Finneas. Y, al final, ambos son artistas por derecho propio que tienen su propia vida. «Somos artistas independientes que hacen música juntos», dice Finneas. «El disco de Billie es totalmente su visión creativa. Hacemos música juntos, pero las ideas del diseño visual y de la carátula del disco son suyas, como las de los conciertos. Desde mi punto de vista, ese es uno de los muchos motivos por los que es su música.»

Su orgullosa madre coincide. «Billie no se calla sus opiniones. Quiere que el aspecto creativo sea como ella quiere que sea, y tiene una idea y la expone. Nunca cede en algo por facilitar las cosas. Ella tiene una visión muy clara y, cuando la expresa, todo el mundo se pone en marcha.»

Y tanto que se pusieron en marcha. En cuanto Finneas y Billie unieron su creatividad, no tardaron mucho en dar con una melodía que era tan grande, tan melancólica y tan hermosa como su título: *Ocean Eyes.*

SIGUIENTE Billie y Finneas posan para un retrato familiar en la 60.ª edición de los Premios Clio en 2019.

HISTORIAL DE ÉXITOS EN SPOTIFY*

Los números representan la cantidad de reproducciones. Billie tiene 46 millones de oyentes mensuales.

BAD GUY = 951.758.656

LOVELY = 734.084.534

WHEN THE PARTY'S OVER = 636.698.432

BURY A FRIEND = 512.284.945

WISH YOU WERE GAY = 293.867.806

OCEAN EYES = 287.972.160

IDONTWANNABEYOUANYMORE = 286.499.313

YOU SHOULD SEE ME IN A CROWN = 228.071.140   **BELLYACHE** = 182.024.587

I LOVE YOU = 168.932.471

*A fecha de 18 de noviembre de 2019

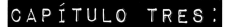

CAPÍTULO TRES

SONIDO Y COLOR

PARA LA FAMILIA O'CONNELL, TODO CAMBIÓ CON *OCEAN EYES*. LITERALMENTE DE LA NOCHE A LA MAÑANA. BILLIE Y FINNEAS PASARON DE SER UNOS PRINCIPIANTES TACITURNOS EN SU HABITACIÓN A CAMBIAR LAS REGLAS DEL JUEGO Y DEFINIR UNA ERA. Y YA NO HABÍA VUELTA ATRÁS.

La hermosa, evocadora y atmosférica canción *Ocean Eyes* se gestó en los atestados confines del dormitorio de Finneas. Hoy, a finales de 2019, tiene más de 180 millones de visitas en YouTube y se ha reproducido más de mil millones de veces en Spotify. Finneas había compuesto la canción para su banda de pop de Los Ángeles, The Slightlys, pero sentía que le faltaba algo. Necesitaba otra voz. Una voz femenina. «Vino a mi cuarto y me dijo: "Esta canción la he compuesto yo", y me quedé en plan: "Ya lo sé. Vivo justo al lado. Lo oigo todo"», recuerda la cantante. Según cuenta la leyenda, bueno, Billie, Finneas le suplicó a su hermanita que grabase la parte vocal.

Estuvieron una semana grabando y puliendo la canción. «Nos pasamos el tiempo en su habitación bailando a su son», recuerda Billie. «En aquella época yo tenía algo con un chico; tenía unos ojos azul oscuro que me recordaban al océano. Siempre pensaba en el mar cuando lo miraba a los ojos. La había escrito mi hermano, pero cuando me la cantó por primera vez, pensé: "Esto es justo lo que siento, ¿cómo lo has hecho?". Era como si Finneas se hubiese colado en mi cabeza y hubiese escrito una canción a través de mis pensamientos. Fue muy extraño.»

ANTERIOR Billie, de verde, en los Premios
Glamour Women of the Year 2017.

ARRIBA Billie se pasa por el Young Hollywood Studio
para charlar, en Los Ángeles, septiembre de 2017.

N° 837 N° 838 N° 839 N° 840 N° 841 N° 842 N° 843 N° 844 N° 845 N° 846 N° 847
N° 912 N° 913 N° 914 N° 915 N° 916 N° 917
N° 929 N° 930 N° 931 N° 932 N° 933
N° 852 N° 853 N° 854 N° 855 N° 856 N° 857 N° 858
N° 942 N° 943 N° 944 N° 945 N° 946 N° 947 N° 948
N° 866 N° 867 N° 868 N° 869 N° 870 N° 871 N° 872 N° 873 N° 874 N° 875

«NO ME GUSTA LLAMARLOS "MIS FANS" PORQUE SON MI FAMILIA; SON LA ÚNICA RAZÓN POR LA QUE SOY ALGO. ADORO A MIS FANS E INTENTO DEDICARLES TODA MI ATENCIÓN, YA SEA A TRAVÉS DE LAS REDES SOCIALES O CUANDO LOS VEO EN PERSONA. PASO CON ELLOS TODO EL TIEMPO QUE PUEDO Y ENTABLO RELACIONES CON ELLOS PORQUE SON PERSONAS.»

Terminada la canción, a última hora de un miércoles por la noche (el 18 de noviembre de 2015, para ser exactos), Billie la subió a SoundCloud, sin importarle demasiado que se perdiera en el ruidoso ciberespacio de la plataforma. De hecho, el único motivo por el que subió la pista esa noche fue porque necesitaba un enlace para enviárselo a su profesora de baile. «Íbamos a esperar al viernes para subirla, y pensé: "A tomar por ***. Vamos a subirla ahora". Mi profesora de baile sabía que yo cantaba, así que grabamos *Ocean Eyes*, y basamos toda la producción en la danza contemporánea y lírica», comentaba Billie. Su profesora pensaba usar la canción como parte de un recital clásico. «Pienso en todas mis canciones de esa manera: si no puedes bailar una canción, no es una canción.»

El enlace cobró vida, y pronto la canción lo hizo también. Los amigos de Billie empezaron a enviarle mensajes al respecto. «La mitad de mis amigos pensaban que era una broma. Recuerdo que alguien me dijo concretamente: "Billie, esto es una ***".»

La canción empezó a recibir un montón de «me gusta» y de reproducciones. Para cuando había terminado la noche, el futuro de Billie ya estaba sellado.

A la mañana siguiente, Billie se levantó como un día cualquiera e hizo vida normal. «Estaba en Starbucks y Finneas me llamó y me dijo: "¡Tía! Nuestra canción tiene mil reproducciones. Lo hemos logrado". Estábamos contentísimos con esas mil reproducciones. Era en plan: "Ya está. Hemos logrado nuestro objetivo". Nos creíamos los putos amos. Pero la cosa no se detuvo ahí. Y, entonces, Hillydilly [sitio web dedicado a descubrir música] la encontró y se volvió viral. No fui consciente de las dimensiones que estaba alcanzando hasta que llegó a las 50.000 reproducciones.

PÁGINAS ANTERIORES Billie luciendo la ostentosa joyería de Chanel, Nueva York, 10 de noviembre de 2017.

ABAJO Billie y Finneas actúan en la prestigiosa gala de los Premios Glamour Women of the Year en Nueva York, 13 de noviembre de 2017.

No lo había procesado. No es algo que le pase a todo el mundo, y es muy raro.»

Ocean Eyes lo petó en todas partes. En cuestión de semanas, Billie y Finneas se vieron inundados de llamadas y reuniones. El gran éxito llegó cuando Zane Lowe, creador de tendencias zen y director de la emisora Beats 1 de Apple Music, lanzó a Billie un reconocimiento digital. Todo el mundo lo estaba escuchando. «Billie tiene la capacidad de mostrar su vulnerabilidad de un modo totalmente creativo y que la representa», dijo. «Tiene una manera universal de pintar imágenes; puedo verlas, pero me alucina su manera de pintarlas. Una artista como Billie Eilish piensa en sonidos, piensa en colores, piensa en la parte visual, piensa en las colaboraciones... Piensa en toda clase de formas de creatividad diferentes.»

Con la aprobación de Lowe se desató la locura. El éxito de *Ocean Eyes* no solo catapultó al dúo al estrellato, sino que también mostró a sus seguidores que no se trataba de un montaje prefabricado en el que se había invertido un presupuesto ilimitado, sino que habían salido directamente de sus habitaciones. Eran gente como tú y como yo. Probablemente más desaliñados. Billie no era sólo una voz para los fans de su edad: era una más de ellos.

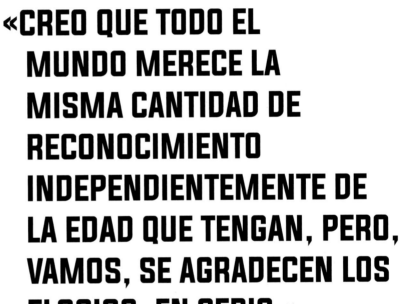

«CREO QUE TODO EL MUNDO MERECE LA MISMA CANTIDAD DE RECONOCIMIENTO INDEPENDIENTEMENTE DE LA EDAD QUE TENGAN, PERO, VAMOS, SE AGRADECEN LOS ELOGIOS. EN SERIO.»

ARRIBA Promoción en una acera del primer EP de Billie que batió récords: «Don't Smile at Me».

ANTERIOR ¡El naranja es el nuevo negro para Billie!

Habían creado un éxito desde su habitación. Si ellos podían hacerlo, cualquiera podía. «Cuando empecé a crear música, pensé que tendría que tocar con cierta gente para desarrollar mi trabajo profesionalmente, y que esa sería la única manera de tener éxito algún día», comentaba Finneas. «Es muy importante que los niños no piensen que hay cosas intangibles o fuera de su alcance. La verdad es que lo único que tienes que hacer es componer una canción que le guste a la gente. Yo la mezclé y la masterицé, y la subimos a Sound-Cloud. Y esa canción nos ha salvado la vida.»

Seis meses después, en el verano de 2016, Billie firmó con Darkroom, un sello independiente asociado con Iterscope Records. Inmediatamente, Finneas y ella empezaron a trabajar en su primer EP. Al cabo de unos pocos meses componiendo juntos, ya tenían canciones más que de sobra, pero ¿cuáles representaban perfectamente la visión de Billie?

«CUANDO COMPONEMOS UNA CANCIÓN PARA BILLIE, QUIERO QUE LA REPRESENTE Y QUE CUENTE SU VERDAD; QUIERO QUE SEA UNA ESPECIE DE PRENDA QUE SE PUEDA PONER.» FINNEAS

ARRIBA La ambición rubia se impone en la Central Presbyterian Church, en Austin, Texas, 16 de marzo de 2017.

IZQUIERDA Billie interpreta *Hotline Bling* al ukelele en el Music is Universal Showcase de UMG, en Austin, Texas, marzo de 2017.

SIGUIENTE Envuelta en pieles sintéticas y estampado de leopardo, Billie marca estilo en la trigésimo cuarta edición de los Premios Anuales de Música Pop de la ASCAP, Los Ángeles, 18 de mayo de 2017.

CAPÍTULO CUATRO

LEJOS DE CASA

OCEAN EYES TRANSFORMÓ A BILLIE Y FINNEAS EN UNA RAREZA NACIONAL. JUNTOS, LOS HERMANOS COMPOSITORES EMPEZARON A CANTAR A VOZ EN GRITO A LOS *HEADBANGERS* DE LA GENERACIÓN Z DESDE SU HABITACIÓN Y A LABRAR LA REPUTACIÓN DE BILLIE BASADA EN SU LIBERTAD CREATIVA ABSOLUTA, SUS CARACTERÍSTICAS ELECCIONES A LA HORA DE VESTIR Y SU PROPUESTA SORPRENDENTEMENTE ÚNICA EN LO QUE RESPECTA A LAS ARTES VISUALES.

IZQUIERDA Khalid y Billie cantan *Lovely* en el Governors Ball Music Festival de Nueva York en 2018.

ANTERIOR Billie actúa en el Mo Pop Festival de Detroit.

ABAJO Billie triunfa en el Acoustic Christmas Show de KROQ en el mítico recinto The Forum de Inglewood, en California.

A Billie pronto se la consideró como la antiheroína del darkpop, la voz de la generación Z, el símbolo perfecto de lo que se siente al estar en este mundo en estos momentos. Pero a ella nada de esto le importaba. «Recuerdo el primer par de veces que alguien me llamó "la cara del pop" o algo así..., me molestó mucho. Creemos que tenemos que ponerle etiquetas a todo, pero no es así.» Ella sencillamente define su música como «la música de Billie Eilish».

Nueve meses después del lanzamiento de *Ocean Eyes*, Billie dio a luz a su primer EP, «Don't Smile At Me», una colección de nueve pistas en la que tanto ella como Finneas habían estado trabajando durante dieciocho meses antes de que Darkroom Records apareciese. Pero antes de que se programase el lanzamiento del EP, la familia hizo su primera gira. Sin champán, hoteles de lujo de cinco estrellas ni aviones privados, aquella gira era un recordatorio de lo difícil que puede ser la vida en la carretera para un artista en ciernes, independientemente de la devoción del público. Billie odió aquella experiencia. Su lucha con su salud mental regresó, incluidas la depresión y las autolesiones. Aquel sería el comienzo de su momento más oscuro, justo cuando el mundo empezaba a centrar su mirada en ella.

Toda la familia (Billie, sus padres y su hermano), el recién nombrado mánager de la gira, Brian Marquis, y un amigo que ayudaba con el puesto de *merchandising* compartían la furgoneta como sardinas en lata. Marquis había asignado un presupuesto de cien dólares por noche para los seis. Evidentemente, Billie y su familia

«***, TENGO UN TRABAJO ALUCINANTE. EN SERIO. LAS COSAS QUE ME HA PERMITIDO HACER MI CARRERA HAN SIDO INCREÍBLES. ¿TE PUEDES CREER QUE TODO ESTO SEA DE VERDAD?»

compartían una única habitación y, a menudo, la única cama que había en ella. «Era lo peor», recuerda. «Nos hospedábamos en la espantosa cadena Motel 6.

»Habitaciones minúsculas. Nos lo tomábamos con calma a propósito, para que fuese más impactante al llegar al recinto, pero nos lo tomamos con más calma de la necesaria.» Como recuerda su padre, Patrick: «Era divertido. Más o menos». Al comenzar la gira, Patrick dejó su trabajo (fabricando muñecas Barbie) para poder concentrarse en la carrera de su hija a tiempo completo y se convirtió en el encargado jefe del transporte y el montaje del equipo. Conducía la furgoneta, y aprendió de forma autodidacta a preparar y a manejar las luces del escenario. «Quería formar parte de ello porque, ***, es una pasada», comentaba sobre aquella época. «Era como estar en un limbo eterno», dice Billie sobre la gira. «Parecía que no iba a terminarse nunca. Y, bueno, es que es verdad. En realidad nunca se sabe cuándo va a terminar una gira.»

Desde su primera gira, la cantante y su familia han salido a la carretera en cuatro ocasiones más: La gira «Where's My Mind» (2018); la gira «1 by 1» (2018-2019); como telonera de Florence + The Machine (2018-2019); la gira mundial «When We All Fall Asleep» (2019); y en 2020 está

prevista la gira mundial «Where Do We Go». En 2018, Billie actuó en todos los festivales que pudo, un movimiento en su carrera que la ayudó a aumentar su número de seguidores. Aunque, como era de esperar, con cada nueva gira, el equipo que acompañaba a Billie iba creciendo y los autobuses empezaron a ser más grandes y mejores. «Básicamente cambiamos a un autobús que es mucho mejor para Billie y peor para todos los demás», confesaba Maggie. Para la gira «When We All Fall Asleep», Billie se aseguró de que el mánager, Brian Marquis, alquilase un autobús adicional para poder llevarse a sus amigos con ella. «Costó un montón de dinero, y no podemos permitírnoslo, pero lo necesitaba para mi salud mental. Me estoy esforzando por hacer que las giras sean lo más llevaderas posible para mí, porque quiero amar lo que hago. No quiero estar deprimida. Pero cuando hay cosas que te deprimen... ¡es deprimente!»

Tras terminar la primera gira, Billie y Finneas se lanzaron de lleno a terminar de componer y de grabar el EP. Encerrados en su cuarto componiendo y grabando, pronto quedó patente que el sonido de Billie se estaba transformando en algo

ARRIBA Billie con espíritu navideño en el evento Acoustic Christmas de KROQ celebrado en The Forum, Inglewood, California, 9 de diciembre de 2018.

IZQUIERDA Billie y la estrella de YouTube Kandee Johnson acuden a una Fiesta VIP en Los Ángeles, 19 de octubre de 2018.

ANTERIOR Billie luce un conjunto de sudadera y pantalón con motivo alienígena en la Annual Young Hollywood Party de NYLON, en Los Ángeles.

nuevo y extraño. Naturalmente, ella se negó a definirlo. Muchas de las canciones se lanzaron como sencillos antes de lanzar el EP.

Considerado un sleeper hit[1] tras su lanzamiento inicial, «Don´t Smile At Me» se ha ido convirtiendo desde entonces en un clásico moderno sin género. Los vídeos de todas las canciones, incluidos los de *Bellyache*, *When the Party's Over*, *Watch* y *COPYCAT*, así como los de las pistas independientes *Bitches Broken Hearts* y *Lovely*, con Khalid, han recibido más de cuatro mil millones de visitas. Como evidencia el eclecticismo de su música, desde la evocadora y coral *Ocean Eyes*, hasta el hip-hop sombrío de *Bad Guy*, pasando por el electropop de *Bellyache*, el sonido de Billie desafía las expectativas y los convencionalismos.

Lanzado el 11 de agosto de 2017, «Don´t Smile At Me» es una belleza insólita: una colección de canciones compuestas por una joven de dieciséis años hecha a sí misma, plagada de una arrogancia y seguridad inusuales para su edad, y su sonido es completamente distinto a cualquier cosa que hayas podido escuchar. Y todo fue también por puro instinto: «Siempre sé lo que quiero hacer. En este caso, ni siquiera hablé con nadie. No le pregunté a nadie. Era en plan: "Vale, este es el orden de las canciones; estas son todas las canciones que va a incluir el EP, y en la portada quiero aparecer yo vestida de rojo, con

---

[1] Se denomina *sleeper hit* (traducido literalmente como «éxito durmiente») a un título, ya sea canción o película, que alcanza progresivamente un éxito sin apenas promoción.

una escalera roja, en una habitación amarilla, y con un montón de cadenas de oro. Y el EP se llama 'Don´t Smile At Me'. Ya está. Toma. Hasta luego". Y los de la discográfica se quedaron en plan: "Vale".»

«Don´t Smile At Me» contiene un cero por ciento de compromiso: es el sonido de una artista visionaria tal y como la naturaleza la creó: sin filtros. De hecho, antes de que Billie firmase su contrato discográfico con Darkroom, el sello la invitó a trasladarse a un estudio real y le pidió que colaborase con otros autores y productores. Billie accedió a regañadientes pero pronto se dio cuenta de que iba en contra de todo lo que ella representaba. «Lo detestaba. Siempre eran unos cincuentones que habían escrito "grandísimos éxitos", y que se les daba

«RECONOZCO ABSOLUTAMENTE LA RESPONSABILIDAD DE SER UN MODELO A SEGUIR. PERO ESO NO VA A CAMBIAR MI MANERA DE SER. CREO QUE, EN LUGAR DE CAMBIAR EL ARTE QUE HAGO, SE TRATA DE DEJAR QUE TODO EL MUNDO SEPA QUE MI ARTE NO ES MÁS QUE MI MANERA DE LIBERARME.»

IZQUIERDA Billie les pasa el micro a sus fans durante el Acoustic Christmas de KROQ, en The Forum, Inglewood, California.

SIGUIENTE Incluso sobre el escenario, Billie logra crear una atmósfera íntima e introspectiva.

fatal la cosa. Y yo me quedaba en plan: "Ese éxito lo conseguiste hace como cien años. Uf". Pero nadie me escuchaba porque tenía catorce años y era una chica. Pero habíamos creado *Ocean Eyes* sin ayuda de nadie, así que ¿por qué tenía que hacer esto?»

Finalmente, Billie se negó y volvió a su cuarto de la infancia. Finneas y ella terminaron el EP sin más interrupciones. «Solo estaba componiendo canciones con mi hermano», dijo en su momento. «Ahora es como algo muy importante: soy esa artista que va en contra de tal y cual... Solo estaba haciendo lo que quería hacer.»

El título del EP es tan valiente como adecuado. Contradiciendo los convencionalismos del pop, en lugar de sonreír falsamente para las cámaras, para la industria musical, Billie le hace una peineta al juego de la fama e invita a sus seguidores a apreciar su autenticidad. «Odio sonreír. Me hace sentir débil, indefensa y pequeña. Siempre he sido así. Nunca sonrío para ninguna foto. Si miras en mi Instagram, siempre tengo cara de estar enfadada o triste. Pero, bueno, cuando vas por la calle y alguien te sonríe, tienes que devolverle la sonrisa. Es una cuestión de educación. No lo puedes controlar. Si no te sonrío, vas a pensar que soy una asquerosa. Tal vez lo sea por pensar de esta manera, pero en fin. Y si tú no me sonríes a mí, pues no pasa nada. Puedes continuar con tu vida.»

El éxito de «Don't Smile At Me» permitió a Billie confiar en su capacidad para disfrutar de una libertad creativa absoluta, lejos de los represivos brazos del sector. El deseo de que todo se hiciese a su manera surgió, una vez más, en el seno de su familia, donde podía ser ella misma. «Tengo suerte de tener una familia que me gusta, y a la que le gusto. El único motivo por el que hago lo que hago es porque mis padres no me forzaron a ello. Si me hubiesen dicho: "Toma,

una guitarra y un micrófono. Canta y escribe canciones", mi reacción habría sido: "¡Venga, hasta luego! Voy a drogarme".»

El deseo de Billie de ser independiente, con solo dieciséis años, significaba que es poco probable que se deje manipular o que se vea obligada a poner en peligro su sonido y su visión en el futuro. Y ha marcado el camino a seguir para otros aspirantes a músicos. «¿Qué *** sentido tendría que crease algo que otra persona quiere que cree y en lo que no tuviera ni voz ni voto?» Al desafiar las expectativas normativas de cómo debe sonar, qué aspecto debe tener y qué debe decir públicamente una estrella del pop, Billie está cambiando las reglas a favor de los jugadores, no del juego. «Podría limitarme a decir: "Mira, elegid vosotros mi ropa, y que otra persona se encargue de las ideas de los vídeos, que otra los dirija, que otra componga mi música, que otra la produzca y yo no diré nada al respecto. Que alguien lleve mi Instagram". Si quisiera, todo podría ser más fácil. Pero yo no soy esa clase de persona ni esa clase de artista. Y prefiero morirme a convertirme en eso.»

Por ejemplo, ¿cuántos artistas de dieciséis años deciden grabar un videoclip en el que les salga tinta negra de los ojos? Sobre el papel puede parecer una locura, pero para Billie era fundamental expresar lo que veía en su mente. «Quiero que a la gente se le pongan los pelos de punta en cierta manera, por eso me meto arañas en la boca y me las pongo por todo el cuerpo. Me pongo tinta negra en los ojos, la lloro y me la bebo.

ARRIBA Billie se mezcla con sus fans en el Bonnaroo Arts and Music Festival en Manchester, Tennessee.

ANTERIOR Haciendo lo que mejor sabe hacer en los Pop Awards de la ASCAP, en Los Ángeles, 18 de mayo de 2017.

«SOY MUY BUENA AMIGA MÍA. ME LLEVO MUY BIEN CONMIGO MISMA. CREO QUE A VECES SOY MUY DIVERTIDA, ME LO PASO MUY BIEN SOLA Y A VECES HASTA ME HAGO REÍR, Y CREO QUE ESO ES ALGO IMPORTANTE. PERO NO SÉ SI NADIE SE CONOCE DE VERDAD. SOLO VEMOS UN REFLEJO DE NOSOTROS MISMOS EN FOTOS O EN OTRAS PERSONAS.»

Las cosas que tengo en mente ahora mismo y que quiero crear son una auténtica locura. Es un reto personal: ¿cómo puedo acojonar más a la gente de un modo artístico y que a la vez parezca una gilipollez?»

El vídeo de *When the Party's Over* es triste, sombrío y perturbador, además de ser todo un reto, especialmente para una persona con menos de dieciocho años. Pero representa perfectamente la increíble capacidad creativa de Billie.

En él, grabado en una sola toma, la cantante (con el pelo azul oscuro) bebe de un vaso de tinta negra. Segundos después, la tinta empieza a brotarle de los ojos y a descender por su rostro. Transmite una sensación de desasosiego pero no deja de ser hipnótico. Y la idea fue exclusivamente suya, que ideó la dirección. «Decidí cómo iba a ser el vídeo y lo planifiqué todo, como una directora.» Billie recuerda de dónde sacó la idea: «Tengo un vídeo mío... Salí al jardín y le pedí a mi madre que fingiese ser yo. La hice salir fuera con una mesa, un vaso y la silla en el lugar exacto donde yo quería que estuviera y empecé a grabar y a decidir cómo lo grabaríamos y demás». El vídeo cuenta con casi quinientos millones de visitas.

Por supuesto, el camino de Billie hacia el estrellato a una edad tan temprana no ha sido fácil precisamente. Su lucha por hallar la felicidad, en su interior y con los demás, en pleno ojo del huracán de la fama, la arrastró hasta los abismos más profundos de su bienestar mental. «Los últimos dos años han sido mentalmente los peores para mí», comentó en su día. «Sentía que nada importaba. Nada tenía sentido. No solo mi vida, sino todo en general. Estaba clínicamente deprimida. Era una chica de dieciséis años muy inestable. Lo único que puedo decir es que ahora estoy mejor. Si alguien no lo está pasando bien, la cosa mejorará. Tened esperanzas. Yo lo he conseguido... y cargando con la fama a los hombros. ¡Y me encanta la fama! Ser famoso es genial, pero fue horrible durante un año. Ahora me encanta lo que hago y vuelvo a ser yo misma. La parte buena de mí. Y me encanta tener todas las miradas puestas en mí.»

DERECHA Sus fans usan los móviles para fotografiar el escenario de Billie en el Minneapolis Armory en junio de 2019.

ABAJO El largo circuito de festivales de Billie la lleva al escenario del Music Midtown in Atlanta, Georgia.

SIGUIENTE Billie en modo retrato. ¿Sabrías decir el nombre de la banda que lleva en la camiseta? [¡Son Wu-Tang Clan!]

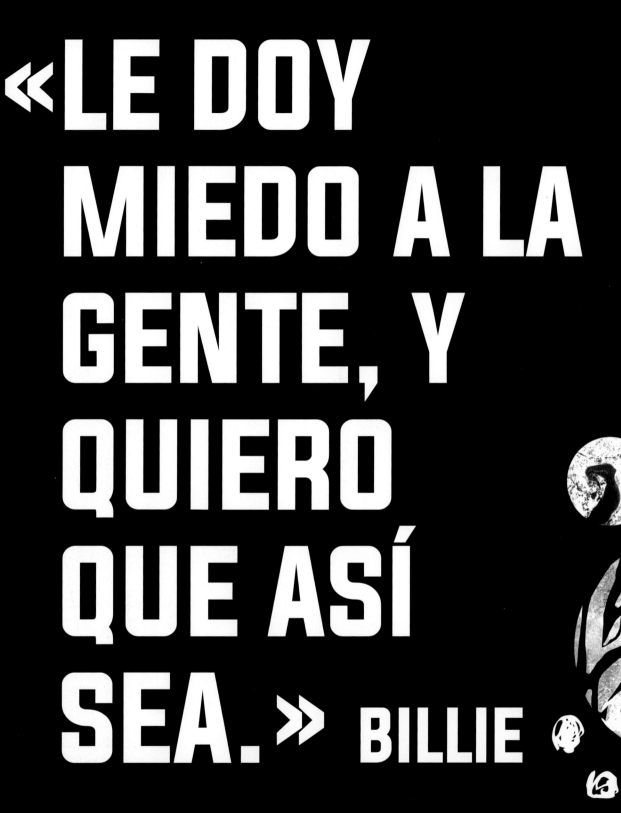

«LE DOY MIEDO A LA GENTE, Y QUIERO QUE ASÍ SEA.» BILLIE

ABAJO Billie lleva una máscara de joyas incrustadas en el 2019 iHeart Radio Music Festival de Las Vegas, 21 de septiembre de 2019.

SIGUIENTE ¡Billie, auténtica a tope, en Beverly Hills!

MÁS «YO» QUE YO MISMA: EL ESTILO DE BILLIE

EL SONIDO DE BILLIE EILISH NO SE PARECE AL DE NINGÚN OTRO ARTISTA. SU ASPECTO TAMBIÉN ES DISTINTO AL DE CUALQUIERA, CON SU GAMA DE PRENDAS MARAVILLOSAMENTE ECLÉCTICAS Y EXTRAVAGANTEMENTE DIVERSAS Y JOYAS OSTENTOSAS QUE PONEN DE MANIFIESTO SU PARTICULAR ENFOQUE DE SU PROPIO ARTE. EN LA ACTUALIDAD, ADEMÁS DE SER UN ICONO MUSICAL, SE HA CONVERTIDO TAMBIÉN EN UN ICONO DE LA MODA. Y EXISTEN NUMEROSAS BUENAS RAZONES PARA ELLO...

Cierra los ojos y piensa en Billie Eilish. ¿Qué ves? Sin duda, una variedad de estilos tecnicolor fluorescente de todas las formas y tamaños. Di lo que quieras sobre esta rebelde del darkpop, pero es de todo menos aburrida o sosa. Esto podría deberse a un trastorno llamado «sinestesia», un fenómeno neurológico que tanto Billie como Finneas experimentan. Otro don transmitido a través del ADN. Pero ¿qué es? Billie lo describe de maravilla: «Piensas en un color al ver una palabra, o percibes un olor al ver cierto objeto. Y lo mismo con las canciones y la producción, e incluso con la ropa. Cuando estoy creando música o componiendo y cantando, subconscientemente imagino colores, o me vienen paisajes o algún tipo de elemento visual a la cabeza».

Pero, por supuesto, su sinestesia no es lo único que define sus elecciones de estilo. La moda también le sirve de armadura. La protege de las lanzas y las flechas de este mundo. «La moda y la ropa siempre han servido de manta de seguridad, de protección, y cuando me pongo algo que no quiero llevar, o que hace que me sienta incómoda mental o físicamente, que no va para nada conmigo, me siento fatal. Mi ropa es un reflejo de mi personalidad, representa lo que soy.

Desde que Billie era una niña, la ropa ha jugado un papel fundamental en su día a día. Ya se vestía a su manera antes de hacerse

«TODA MI PERSONALIDAD SE BASA EN MI ROPA Y EN LO QUE LLEVO PUESTO ESE DÍA. A VECES TENDRÉ UNA PERSONALIDAD DIFERENTE SEGÚN EL CONJUNTO. ES LO PRIMERO QUE IMPORTA CADA DÍA DE MI VIDA. ALLÁ ADONDE VOY, EN TODO LO QUE HAGO. EN TODO.»

famosa. Su característico sentido de la moda es un símbolo que representa el deseo de Billie de disfrutar de una total libertad creativa: viste como quiere, sin importarle lo que piensen los demás de sus elecciones. «Me gusta poder expresarme a través de la ropa. Me da igual que me juzguen si a alguien no le gusta cómo visto. No me importa. Todos los días intento ponerme algo que no me haya puesto antes o algo que ya me haya puesto pero combinado de otra manera. Dibujo en mi calzado, o me pongo las camisetas del revés o corto los pantalones. Me gusta mezclar prendas de segunda mano con ropa de marca.» De hecho, describe su estilo como «super-cheap meets fancy» [lo superbarato se mezcla con lo caro].

Tanto su manera de vestir como sus vídeos musicales son su manera de expresar cómo se siente por dentro y cómo se niega a tener el aspecto que se espera de alguien como ella. Unos días viste toda de negro; otros, de camuflaje; y otros con conjuntos de fluorescentes. «La ropa y el arte visual son lo más importante para mí y siempre lo han sido. En el fondo, me considero más una artista visual que cualquier otra cosa. Sí, me dedico a la música. Canto y demás, pero todo lo que hago lo he ideado yo. Todos los vídeos los he ideado yo. Siempre hay algo específico que quiero para cada cosa que hago, y suelo conseguirlo.»

«SIEMPRE ME HA GUSTADO VESTIR DE FORMA LLAMATIVA. SIEMPRE ME HA GUSTADO LLAMAR LA ATENCIÓN, QUE LA GENTE ME MIRASE, QUE ADVIRTIERAN MI PRESENCIA. YA ERA ASÍ ANTES DE ALCANZAR LA *** FAMA.»

ARRIBA Un icono de la moda del nuevo siglo. Billie viste de Gucci en Los Ángeles, 2 de noviembre de 2019.

IZQUIERDA Billie se pone algo especial para su actuación en Spotify Presents.

SIGUIENTE Billie luciendo un diseño de alta costura de Chanel en Nueva York.

CAPÍTULO CINCO

EL FENÓMENO

ANTES DE CUMPLIR LOS DIECISIETE, EN DICIEMBRE DE 2018, BILLIE YA HABÍA LOGRADO PRÁCTICAMENTE TODO LO QUE SE ESPERA DE UN ICONO DEL POP. HABÍA CONSTRUIDO SU IMPERIO BÁSICAMENTE DESDE LOS CONFINES DE SU MINÚSCULA HABITACIÓN. ANTES DE HABER LANZADO SIQUIERA EL REVOLUCIONARIO «WHEN WE ALL FALL ASLEEP, WHERE DO WE GO?», BILLIE YA HABÍA ALCANZADO MÁS DE MIL MILLONES DE REPRODUCCIONES EN PLATAFORMAS DIGITALES. SIN EMBARGO, CON LA PUBLICACIÓN DEL ÁLBUM, LLEGÓ DEFINITIVAMENTE A LO MÁS ALTO. SE CONVIRTIÓ EN LA ARTISTA FEMENINA MÁS JOVEN EN ALCANZAR DIRECTAMENTE EL NÚMERO UNO EN LAS LISTAS DE ÉXITOS DEL REINO UNIDO Y ESTADOS UNIDOS, Y EN LA PRIMERA ARTISTA NACIDA EN ESTE MILENIO EN ALCANZAR EL NÚMERO UNO. EL MUNDO ES DE BILLIE AHORA, Y NO PIENSA DEVOLVERLO.

Para Billie, más importante que todos los premios, los elogios y las fantásticas críticas de «When We All Fall Asleep, Where Do We Go?» fue el simple hecho de que el álbum llegase a hacerse. Y de que ella lo considerase bueno. «Me encanta lo que he creado, cosa rara en mí. Estoy muy contenta con el resultado», revelaba. «Hemos trabajado en él durante mucho tiempo, y la verdad es que hacerlo, a veces, ha sido un suplicio.»

De hecho, a diferencia de las sesiones para «Don't Smile At Me», grabadas en casa, las sesiones de producción para el LP se hicieron en la carretera, durante las agotadoras giras de «Where's My Mind» y «1 by 1», durante la gira como telonera de Florence + The Machine y entre las paradas en prácticamente todos los festivales de verano de Europa y Estados Unidos. Todos estos conciertos pasaron factura a la artista y a su productor, Finneas, que instalaba un estudio improvisado en las habitaciones del hotel y trabajaba durante horas en la producción antes de los conciertos, día sí y día también.

ARRIBA Billie posa antes de su concierto en el festival alemán de música y arte MS Dockville en Hamburgo.

ANTERIOR Billie con un chaleco de alta visibilidad en los Swiss Music Awards 2019 en Lucerna, Suiza.

Para Billie, era muy posible que el álbum nunca viese la luz del día. Curiosamente, todo ese agotamiento constante de la gira de 2018 ayudó a infundirle más sabores al álbum. «Las giras nos han enseñado mucho a mi hermano y a mí acerca de pensar cosas como: "¿Qué canciones nos divierten en concierto? ¿Qué canciones nos hacen saltar en el escenario? ¿Cuáles gustan más al público? ¿Cuál es la mejor? ¿Y la más loca?".» Debido a la abrumadora demanda de que Billie estuviese en todas partes, y con más de un centenar de conciertos programados en 2018, los hermanos tuvieron la oportunidad de probar las canciones en directo, para ver qué clase de álbum querían hacer teniendo en cuenta que después tendrían que presentarlo en una gira durante los siguientes dieciocho meses. «Básicamente, para este álbum, estamos haciendo música que va a ser una locura en directo. Va a ser una pasada. Aunque también estamos haciendo canciones para llorar. Hay de todo. De ahí es de donde vengo, y eso es lo que quiero hacer.» Debido a sus tensas relaciones con las giras, lo último que quiere es vagar por el mundo sin sentir su propia música y mintiendo a sus seguidores. Quiere hacerlos saltar y bailar, que se lo pasen de muerte. «Quiero saltar en el escenario y lanzarme sobre la gente y romperles los brazos y todo eso. Quiero que mis conciertos sean una locura, que la gente haga pogos y que se divierta.

»No quiero hacer música que te haga sentir bien pero que no tenga ningún significado. Ahora mismo, siento que estoy haciendo música con la que me voy a divertir en directo. Eso es lo que he

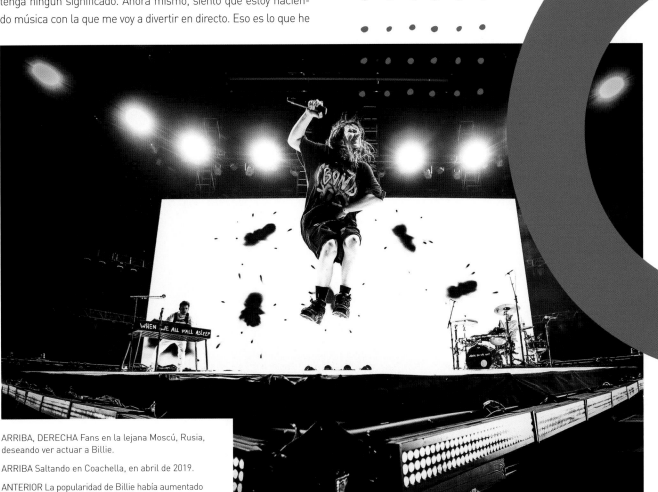

ARRIBA, DERECHA Fans en la lejana Moscú, Rusia, deseando ver actuar a Billie.

ARRIBA Saltando en Coachella, en abril de 2019.

ANTERIOR La popularidad de Billie había aumentado tanto en el Reino Unido que tuvieron que trasladarla a un escenario más grande en el festival de Glastonbury 2019.

«LA FAMA ES COMO UN MEDICAMENTO. PERO NO HACE QUE ME SIENTA MEJOR.» BILLIE

aprendido de las giras. ¿Qué es lo que más me gusta a mí y lo que más le gusta a la gente?

El alumbramiento de «When We All Fall Asleep, Where Do We Go», su primer disco, grabado entre mayo y diciembre de 2018, fue muy doloroso, según admitía ella misma. Esto fue en parte debido al peso de las expectativas que tanto ella como Finneas sentían como compositores principales tras las críticas positivas y el éxito comercial recibidos por «Don't Smile At Me» ese mismo año. El mundo estaba esperando que la fastidiaran. «La gente siempre está en plan: "Sí, la fama te cambia", y yo digo: "De eso nada. Yo cambio porque sí. Tengo dieciséis años. ***, ahora, a los dieciséis, soy una persona totalmente diferente a la que era a los catorce, y eso iba a pasar igual, me dedicase a lo que me dedicase. Mis gustos musicales van a cambiar. Mi estilo va a cambiar. Yo voy a cambiar. Todo lo que me rodea va a cambiar. Independientemente de la fama o de lo que estuviera haciendo con mi

*** vida". "La fama te cambia y se apodera de ti". Tío, cierra la *** boca. Claro que estoy cambiando. Todos cambiamos. Déjame vivir.»

Naturalmente, Billie y Finneas hicieron el disco que querían hacer. Y es una obra maestra moderna.

Cuando empezaron a componer las sesiones para el álbum, que se grabó en su habitación de la infancia y estudio improvisado de Highland Park, los hermanos trabajaban en sesiones cortas de 45

«NO TIENES QUE ESTAR ENAMORADO DE ALGUIEN PARA ESCRIBIR UNA CANCIÓN SOBRE ESTAR ENAMORADO DE ALGUIEN. NO TIENES QUE ODIAR A ALGUIEN PARA ESCRIBIR UNA CANCIÓN SOBRE ODIAR A ALGUIEN. NO TIENES QUE MATAR A ALGUIEN PARA ESCRIBIR UNA CANCIÓN SOBRE MATAR A ALGUIEN. NO VOY A MATAR A NADIE, SOLO VOY A CONVERTIRME EN OTRO PERSONAJE.»

ARRIBA, IZQUIERDA El icónico Troubadour se prepara para recibir a Billie en 2019.

ARRIBA Antes del lanzamiento de su primer álbum, Billie ya se come el escenario.

SIGUIENTE Billie alza el vuelo durante una actuación en Moscú en 2019.

minutos durante el día y, después, durante toda la noche, intercambiando letras y ganchos. Billie grababa su parte vocal tumbada en la cama de Finneas. «La mayoría de personas necesita estar de pie y abrir el diafragma, pero ella suena de maravilla tirada en la cama. Solo quiero que la voz de Billie suene como su voz. Su voz es como un Stradivarius, es tan hermosa que no tengo que hacer nada.» Garabatearon una tabla de progreso en la pared de Finneas, justo encima de donde solían marcar sus respectivas alturas de niños.

El tono oscuro del álbum, las letras conversacionales, la expresión de la voz y la fusión de varios géneros musicales diferentes (EDM, trap, jazz, electropop, hip-hop) dio mucho que hablar, pero fue el significado de su largo título lo que despertaba la curiosidad de la gente.

Para Billie, lo sueños son algo más que la simple compartimentación de los acontecimientos del día por parte del cerebro. Son viajes de descubrimiento.

ANTERIOR Saltando en el festival Lollapalooza de Estocolmo, Suecia.

DERECHA Los fans manifiestan su amor por Billie en Marymoor Park en Redmond, Washington, 2 de junio de 2019.

ABAJO Billie lo peta en el parque en el 2019 iHeartRadio Music Festival en Las Vegas Festival Grounds.

«SOLO QUIERO HACER MÚSICA Y SALIR DE GIRA E IR A SITIOS EN LOS QUE NUNCA HE ESTADO, Y GRABAR MÁS VÍDEOS. ME ENCANTAN LA FOTOGRAFÍA Y LA VIDEOGRAFÍA, ASÍ QUE QUIERO DIRIGIR VÍDEOS SIEMPRE QUE PUEDA. TAMBIÉN QUIERO SACAR UNA LÍNEA DE MODA PRONTO EN ALGÚN MOMENTO.»

«¿¡Adónde *** vamos!? Los sueños son una parte muy intensa de mi vida. Hay meses en los que tengo la misma pesadilla todas las noches, un sueño tan desagradable que me fastidia todo el día, o un sueño tan bueno que nada de lo que sucede en él es verdad.»

A Billie las pesadillas la han perseguido desde que era pequeña. Son sus sueños los que han conformado sus letras y su estado visual, y todo nace de su ansiedad y de su depresión subyacentes, sobre ella y sobre el mundo. La paradoja de sus sueños está en que la mantienen despierta y al mismo tiempo le proporcionan una oscura munición visual que se filtra en sus letras. Su mente inconsciente condimenta sus pensamientos cuando está despierta. «Tardo horas en quedarme dormida. El año pasado empecé a sufrir parálisis del sueño, y diría que es una de las cosas más horribles del mundo.

»Me he visto aprisionada en mis pesadillas, mis terrores nocturnos, mis sueños lúcidos y mi parálisis del sueño. Pero en lugar de permitirme sufrir, me lo tomaba en plan: "¿Sabes qué? Voy a coger esta *** y voy a transformarla en arte", y lo hacía, literalmente. Hice un álbum entero de ello.

LISTA DE TEMAS DE «WHEN WE ALL FALL ASLEEP, WHERE DO WE GO?»

1. !!!!!!! 2. BAD GUY 3. XANNY
4. YOU SHOULD SEE ME IN A CROWN
5. ALL THE GOOD GIRLS GO TO HELL
6. WISH YOU WERE GAY 7. WHEN THE PARTY'S OVER
8. 8 9. MY STRANGE ADDICTION 10. BURY A FRIEND
11. ILOMILO 12. LISTEN BEFORE I GO
13. I LOVE YOU 14. GOODBYE

ARRIBA Billie gana el premio al artista del año en los 2019 American Music Awards en Los Ángeles. Es su primer gran premio estadounidense.

SIGUIENTE Billie se acerca a sus fans en el United Centre de Chicago, 9 de junio de 2019.

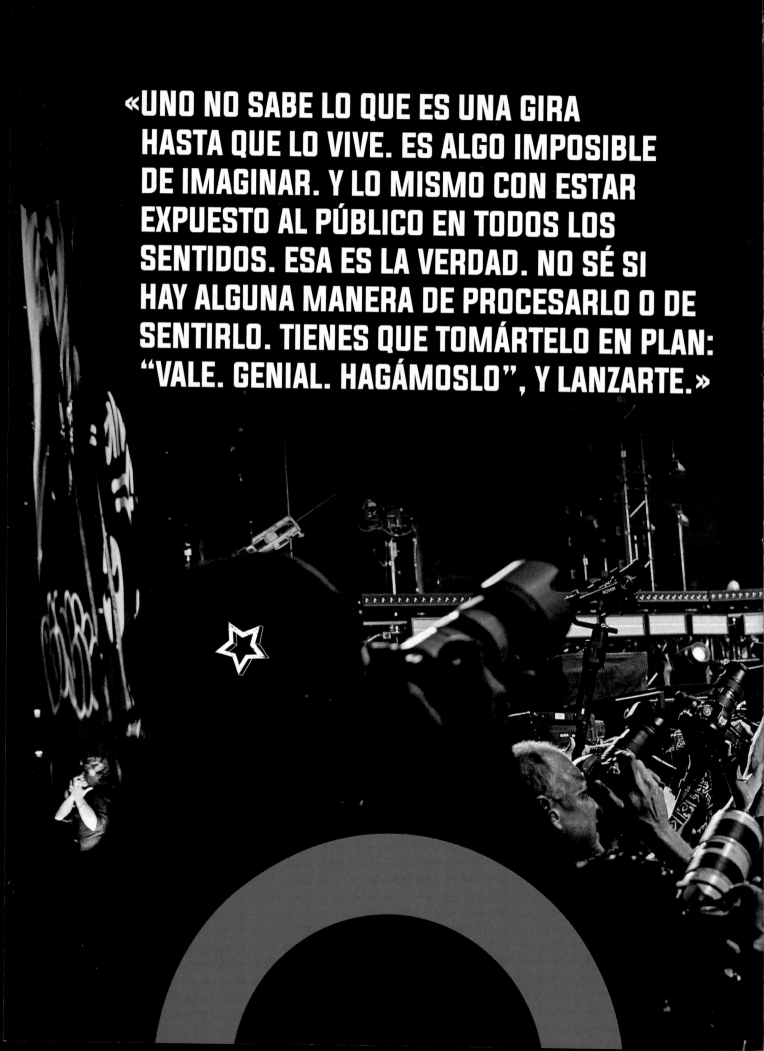

«UNO NO SABE LO QUE ES UNA GIRA HASTA QUE LO VIVE. ES ALGO IMPOSIBLE DE IMAGINAR. Y LO MISMO CON ESTAR EXPUESTO AL PÚBLICO EN TODOS LOS SENTIDOS. ESA ES LA VERDAD. NO SÉ SI HAY ALGUNA MANERA DE PROCESARLO O DE SENTIRLO. TIENES QUE TOMÁRTELO EN PLAN: "VALE. GENIAL. HAGÁMOSLO", Y LANZARTE.»

En enero de 2020, los productores de la última entrega del espía James Bond, *Sin tiempo para morir*, anunciaron que Billie había aceptado el reto de componer y grabar la canción principal de la película. Al hacerlo, la cantante acabó con meses de especulaciones sobre qué artista cantaría el tema (Dua Lipa y Beyoncé eran las favoritas).

«Me parece alucinante formar parte de todo esto», revelaba Billie. «James Bond es la franquicia cinematográfica más genial de todos los tiempos. Aún estoy en *shock*.» Billie se une a una eminente lista que incluye a artistas de la talla de Sam Smith, Adele, Jack White, U2, Paul McCartney o Madonna, entre otros, que han compuesto y grabado canciones para el superespía.

«Componer la canción principal para una peli de Bond es algo con lo que hemos soñado toda la vida», confesaba también Finneas. «No hay nada más icónico que enlazar la música y el cine como *Goldfinger* o *Live And Let Die*. Nos sentimos muy, muy afortunados de poder jugar un pequeño papel en una franquicia tan legendaria. ¡Que viva 007!»

Naturalmente, puesto que ya está confirmado, Billie es la artista más joven de la historia de la franquicia en grabar una canción para Bond.

El 26 de enero de 2020, la vida de la artista en el mundo de la música volvió a transformarse. Casi cinco años después de que

Ocean Eyes saliera a la luz y presentase a Billie y a Finneas al mundo, los hermanos no solo recibieron su primer reconocimiento en los Grammy (la prestigiosa ceremonia estadounidense que premia los trabajos musicales más relevantes), sino que se convirtieron en los amos de la noche e hicieron historia.

La cantante de dieciocho años se llevó cinco de los seis premios para los que estaba nominada, incluidos los de las cuatro categorías más importantes de la noche: canción del año, grabación del año, mejor artista revelación y álbum del año.

Tras recibir su primer premio, quienes estuvieran viendo la gala en casa podían ver cómo Billie estaba cada vez más abrumada, avergonzada incluso, por estar dominando la ceremonia. Antes de recoger su cuarto trofeo dorado de la noche, la cantante articuló en silencio «por favor, que no sea yo» antes de ganar, y, mientras aceptaba el precio al mejor álbum del año, se dirigió a Ariana Grande y dijo: «¿Puedo decir que creo que Ariana se merece este premio? No voy a malgastar vuestro tiempo. En serio. Os quiero. Gracias por esto».

Al final de la noche, la artista pronunció su frase más conmovedora hasta la fecha: «Hicimos este álbum en una habitación, en la casa en la que crecimos. Así que, si nosotros pudimos hacer algo así, cualquier cosa es posible».

ARRIBA El célebre artista internacional Takashi Murakami y Billie hablan sobre la creatividad en el ADOBE Max Event, noviembre de 2019.

SIGUIENTE Billie toma las calles de París, 20 de febrero de 2019.